UNA BAHÍA EN EQUILIBRIO

EDICIÓN PATHFINDER

Por Emily Murphy y Greta Gilbert

CONTENIDO

SALVANDO EL TESORO DE LA BAHÍA

IMAGÍNATE UNA MASA DE AGUA llena de vida. Puedes sumergir la mano en ella y obtener tu cena. Justamente eso hizo durante miles de años la gente que vivía cerca de la Bahía de Chesapeake. Las vastas y profundas aguas de la Bahía de Chesapeake albergaban un gran tesoro de frutos de mar, incluyendo peces, cangrejos, ostras y almejas. Sin embargo, en la actualidad, ese tesoro se encuentra en peligro. Continúa leyendo para descubrir por qué.

¿Un nuevo día? *Los científicos y líderes están trabajando duro para que la salud de la Bahía de Chesapeake brille tanto como este amanecer.*

ES DE MAÑANA EN LA BAHÍA DE CHESAPEAKE. Desde las alturas, la bahía parece quieta y tranquila. Pero desde sus costas, se aprecia un bullicio de actividad. Hombres y mujeres se preparan para comenzar el día en la bahía. Se han atado las cuerdas. Se han asegurado las trampas para cangrejos. Se han comprobado las líneas de pesca. Se han revisado los motores de los barcos. Por fin está todo listo.

Grandes cantidades de barcos salen a la bahía. Sus capitanes cosechan los «frutos de la bahía». Algunos buscan los famosos cangrejos azules de la bahía. Otros pescan róbalos. Otros tantos buscan ostras y almejas. Cada año, los hombres y mujeres pescadores toman de la bahía 500 millones de libras de frutos de mar. Su pesca representa un cuarto de todas las ostras y la mitad de todas las almejas y cangrejos que se consumen en los Estados Unidos.

La pesca en la bahía no es ninguna novedad. La bahía ha sido una fuente de alimentos durante siglos. Sin embargo, eso podría terminar muy pronto. Verás, la Bahía de Chesapeake está en problemas.

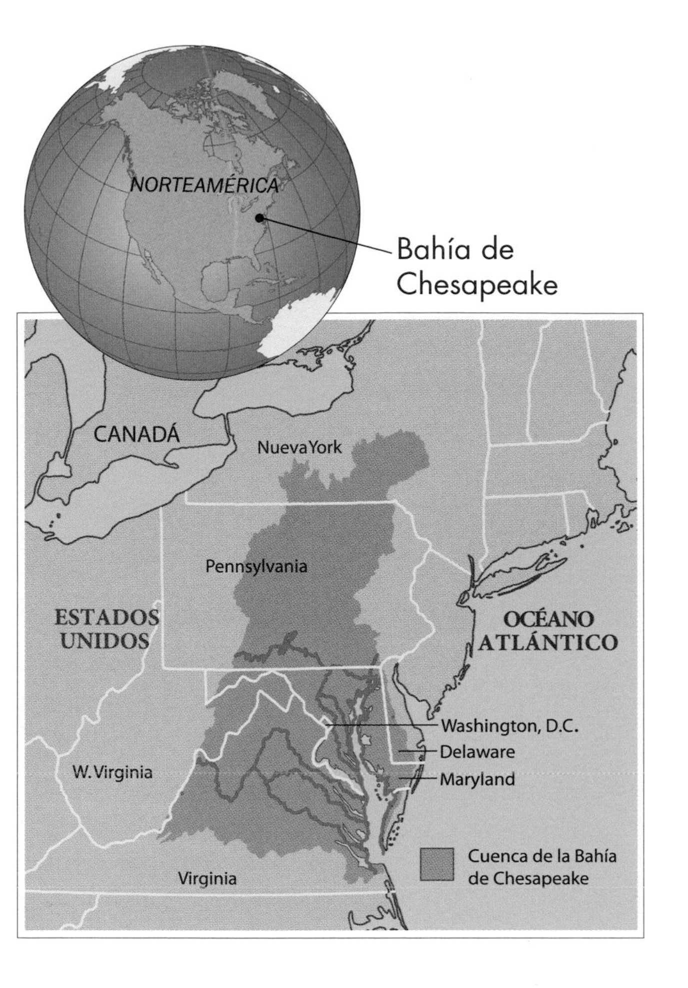

Una gran diversidad

Para explicar lo que le está pasando a la bahía, primero debemos aprender lo que es. La bahía es un **estuario**. Un estuario es una gran extensión de agua que delimita la zona en la que un río se encuentra con un océano. En el estuario se mezclan el agua salada del océano y el agua dulce del río.

Chesapeake es el más grande de los 130 estuarios que hay en los Estados Unidos. Mide 200 millas y tiene más de 11.000 millas de costas sinuosas. Más de 150 ríos fluyen hacia el estuario de Chesapeake. La bahía aloja 18 billones de galones de agua.

De hecho, es tan grande que su **cuenca** afecta a seis estados e incluso a Washington D.C. Una cuenca es una zona que rodea una masa de agua. Toda el agua de la cuenca de la Bahía de Chesapeake fluye hacia la bahía.

Hay muchas variedades de plantas y animales que viven en la bahía o cerca de ella. Aproximadamente 3.600 especies necesitan de la bahía para sobrevivir. Si no existiera esa mezcla de agua dulce y salada, se extinguirían muchas especies.

¿Cuál es la importancia de la Bahía de Chesapeake?

Hay muchas variedades de plantas y animales que viven en la bahía o cerca de ella.

La bahía es fuente de muchos empleos.

La bahía ayuda a controlar las inundaciones.

La gente disfruta la bahía.

Aguas en problemas

Las plantas y los animales comparten la bahía con muchas personas. Casi 16 millones de personas viven en los alrededores. Todo lo que hacen afecta a la bahía y a los ríos que fluyen hacia ella. Por ejemplo, el agua de lluvia transporta hacia la bahía los contaminantes de las aceras, las granjas, los jardines, los estacionamientos y los caminos. Incluso la contaminación atmosférica repercute en la bahía. Los contaminantes de los automóviles vuelven a la bahía. Esto puede suceder en forma directa o junto con la lluvia y la nieve.

Algunos contaminantes provocan un crecimiento excesivo de **algas** en la bahía. Las algas son plantas. Se alimentan de diversos contaminantes. Algunas veces, las algas cubren vastas zonas de la bahía. Las algas no permiten el paso de la luz solar. Y eso daña las plantas tales como el pasto. Estas plantas necesitan de la luz solar para crecer. Cuando las algas cubren la superficie del agua, agotan el oxígeno que hay en ella. Si no obtienen suficiente oxígeno, las plantas y los animales mueren.

Cangrejo azul

La bahía comienza aquí. *El agua sucia de este estacionamiento de Maryland llegará a la bahía.*

Un día en la bahía. *Una garza y dos hombres comparten la costa de la Bahía de Chesapeake.*

El problema de la basura.
La basura contamina el agua del Puerto de Baltimore, en Maryland.

Libreta de calificaciones de la Bahía de Chesapeake

	Categorías	Calificación	Calificación	Cambio de calificación
CONTAMINACIÓN	Nitrógeno	f	16	-1
	Fósforo	D-	23	No hay
	Claridad del agua	f	16	+2
	Oxígeno disuelto	f	19	+5
	Agentes tóxicos	D	28	+1
Hábitat	Zonas de amortiguación forestadas	B+	58	+2
	Pantanos	C+	42	No hay
	Pastos submarinos	D-	22	+2
	Tierras de recursos	D+	31	+1
RECURSOS DE PESCA	Róbalos	A	69	-1
	Cangrejos	B+	50	+15
	Ostras	f	5	+1
	Sábalos	f	9	No hay

Fuente: Planilla de calificaciones - Estado de la bahía en 2010, *Informe de 2010 sobre el estado de la bahía*, Chesapeake Bay Foundation, pág. 3.

Registrando el progreso

No obstante, las cosas están mejorando. Hay muchas personas que se dedican a limpiar la bahía. De hecho, la bahía está más limpia ahora que en el año 2008. ¿Cómo lo sabemos? ¡Por las libretas de calificaciones!

Cada año, las organizaciones que trabajan para proteger la bahía entregan libretas de calificaciones. Las libretas de calificaciones de la Bahía de Chesapeake califican diferentes categorías en letras y números.

En 2010, una organización le otorgó a la bahía bajas calificaciones en sus categorías de "contaminación". Había demasiados contaminantes en los ríos que fluyen hacia la bahía. Sin embargo, la bahía obtuvo una buena calificación en la categoría de "cangrejos", porque había aumentado su población de cangrejos azules.

La utilización de calificaciones para evaluar la salud de la bahía es algo muy importante. Las libretas de calificaciones nos ayudan a comprender los problemas que enfrenta la bahía y a celebrar sus mejoras. De hecho, han dado tan buenos resultados que ahora el enfoque también se utiliza en proyectos de recuperación de recursos naturales en todo Estados Unidos.

Registrar el progreso es muy bueno. Después de todo, la salud de la bahía nos afecta a todos. Afecta el agua que tomamos y los pescados que consumimos. Una bahía saludable implica personas saludables.

VOCABULARIO

alga: tipo de planta

cuenca: zona cuyos ríos fluyen juntos hacia el mismo lugar

estuario: gran masa de agua en la que se mezcla agua dulce y salada

Criaturas

Miles de animales dependen de la Bahía de Chesapeake para sobrevivir. Todos son importantes, pero algunos, que se llaman especies claves, son absolutamente esenciales para mantener la salud de la bahía. Otros, que pertenecen a las especies indicadoras, son extremadamente sensibles a los cambios que se producen en la bahía. Realizar un seguimiento de la cantidad de animales de las especies claves e indicadoras es otra forma de evaluar la salud de la bahía. Te invitamos a conocer a algunas de estas criaturas esenciales.

Los cangrejos azules... ¿son realmente azules? ¡Sus pinzas sí lo son! Por ser a la vez predador y presa, los cangrejos azules juegan un rol clave en la red alimentaria de la bahía. Estos nadadores que habitan en el fondo de la bahía se alimentan de todo lo que encuentran, incluyendo las ostras, el pasto y los peces. Los cangrejos, a su vez, alimentan a los peces y las aves, ¡e incluso a otros cangrejos azules! También son muy importantes para miles de pescadores. En el pasado, la pesca excesiva y la pérdida del hábitat provocaron una disminución de cangrejos azules. Hoy en día, las restricciones más rigurosas sobre la pesca de cangrejos han ayudado a mejorar las cifras.

Hace doscientos años, miles de nutrias de río luchaban, rodaban y se zambullían en las costas de la Bahía de Chesapeake. Sin embargo, con el transcurso del tiempo, la colocación de trampas, la pérdida del hábitat y la contaminación redujeron de forma drástica la población de esta importante especie indicadora, y finalmente las nutrias desaparecieron de la zona. Cuando volvieron a incorporarlas a la región de Chesapeake en 1982, los residentes no sabían si lograrían sobrevivir. Para sorpresa de todos, ¡sobrevivieron! Resulta difícil para los científicos contar a estos notoriamente tímidos animales, pero calculan que sus poblaciones están aumentando en algunas partes de la bahía. ¡Bravo!

esenciales

Por Greta Gilbert

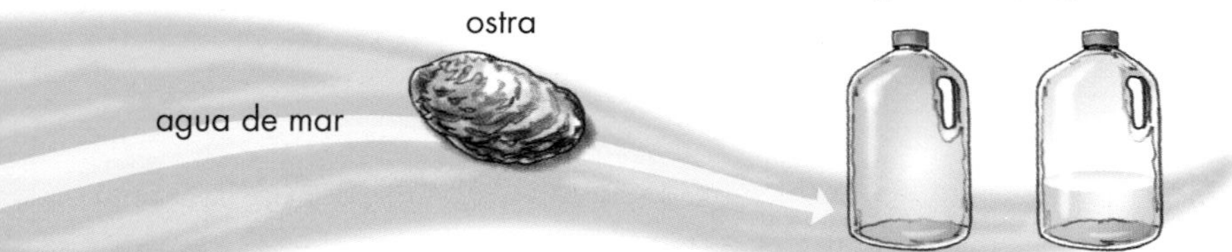

Una ostra puede filtrar 1,3 galones (5 litros) de agua de mar por hora.

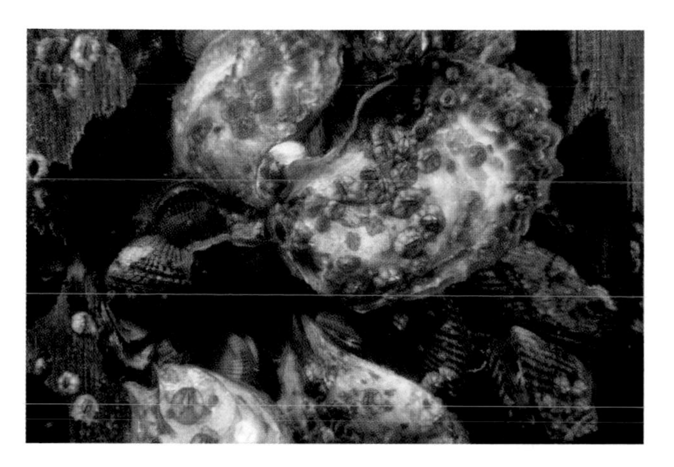

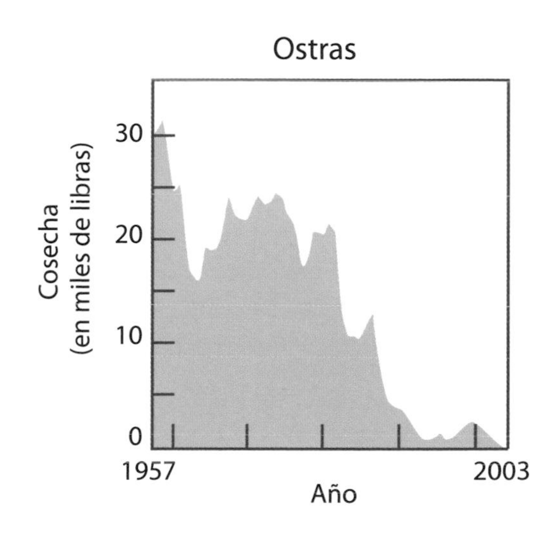

Las ostras orientales pueden no ser bonitas, pero ninguna otra especie filtra, o limpia, el agua de forma tan eficiente como ellas. Al succionar las algas u otras partículas de alimento del agua, una sola ostra puede filtrar hasta 1,3 galones (5 litros) de agua por hora. Hace tiempo, las ostras eran tan abundantes que podían filtrar los 18 billones de galones de agua de la bahía en menos de una semana. Las enfermedades, la contaminación y la cosecha excesiva han provocado la disminución de las poblaciones de ostras. Hoy en día, la cantidad de ostras representa solamente el 1 por ciento de la cantidad existente en la década de 1950. La importancia de su capacidad de filtración para la bahía y su sensibilidad a la contaminación convierten a las ostras en una especie clave e indicadora.

CRIANDO bebés

Guardería de ostras. *Jamie (izquierda) y Casey muestran un flotador Taylor terminado. Alojará cerca de 2.000 bebés de ostra.*

de ostra

Por Emily Murphy

LAS CLASES HAN TERMINADO POR HOY, pero el trabajo recién comienza para Casey Lowe y Jamie Johnson. Las dos alumnas de escuela intermedia viven en Arnold, Maryland, cerca de la Bahía de Chesapeake. Pertenecen a un grupo local de rescate de la bahía llamado Student BaySavers. En la actualidad, los estudiantes construyen hogares para miles de bebés de ostra, que se llaman huevas.

"Intentamos aumentar la población de ostras, que ya casi ha desaparecido", explica Casey. Algunas ostras murieron por enfermedades o contaminación en la bahía. Otras desaparecieron debido a que las personas atraparon tantas que las ostras no lograron reproducirse con suficiente rapidez.

Las ostras son importantes para la bahía porque actúan como filtros de la contaminación. Al igual que los filtros de una pecera, las ostras succionan el agua impura que las rodea y producen agua limpia. Una ostra adulta puede filtrar, o limpiar, cerca de 30 galones de agua por día.

Los hogares para las ostras que construyen los BaySavers se llaman flotadores Taylor. Tienen el tamaño aproximado de una tina y se fabrican con tubos de plástico y redes. Los flotadores se colocan sobre la superficie del agua, donde crecen plantas denominadas algas. Los bebés de ostra, que provienen de un laboratorio de la Universidad de Maryland, pasarán los próximos cinco meses en los flotadores. Se alimentarán de algas y crecerán rápidamente.

Cada BaySaver cuidará un flotador. Jamie amarrará su flotador al muelle del canal que hay en su patio trasero. Ella y los demás BaySavers se asegurarán de que los bebés de ostra tengan suficiente alimento y no se cubran de tierra.

"Cuando las ostras crezcan, las liberaremos en una zona de la bahía en la que está prohibida la pesca", cuenta Jamie.

"La bahía es un lugar muy especial", destaca Casey.

Jamie agrega, "Debemos contribuir porque nosotros también vivimos aquí".

Producción en cadena. *Los trabajadores pegan los tubos de plástico para construir un marco. Luego se colocan las redes.*

Día de mudanza. *Los BaySavers colocan a los bebés de ostra en su nuevo hogar. Las ostras pasarán el invierno flotando junto a este muelle.*

Salva la bahía

¡Ahora es tu turno! ¡Responde las siguientes preguntas para salvar la bahia!

1. ¿Qué es un estuario? ¿Qué tipos de aguas se mezclan allí?

2. ¿De qué forma afecta a la Bahía de Chesapeake la actividad del hombre?

3. ¿Cómo llevan la cuenta de su progreso las personas que trabajan para limpiar la bahía?

4. ¿Por qué los científicos prestan especial atención a la cantidad de animales, como las nutrias, que hay en la bahía?

5. ¿Cómo ayudan los grupos tales como BaySavers a mantener la bahía saludable?